Matthias Müller-Michaelis

Kinderquiz für kluge Kids

Mit Folie zum Entschlüsseln der Lösungen

SÜDWEST

Inhalt

Wenn dich ein Thema besonders interessiert oder wenn du eine bestimmte Frage wiederfinden möchtest, kannst du hier im Stichwortverzeichnis nachschauen. Die Seitenzahl hinter dem Begriff zeigt dir, wo du suchen musst.

Sind Fragen dir zu schwer gewesen, musst du nur die Geheimschrift lesen

Weißt du, wo die Eskimos leben? Oder in welcher Schule es keine Diktate gibt? Warum Seepferdchen ganz besondere Tiere sind? Was bei Adam Opel gebaut wurde, bevor die Firma Autos herstellte? Oder was der Ober bringt, wenn du in einem Chinarestaurant »Nasi Goreng« bestellst?

Das ist gar nicht so einfach, oder? Aber keine Angst, wir haben dir ein bisschen geholfen und immer drei Antworten vorgeschlagen, aus denen du die richtige auswählen kannst. Manchmal wirst du trotzdem noch ganz schön raten müssen. Und auf der Hut sein musst du auch, denn bei einigen Fragen haben wir absichtlich kleine Fallen gestellt. Schließlich soll unser Quizspiel spannend sein und Spaß machen und nicht nur Schulwissen abfragen. »Quizmeister« kannst du bei uns deshalb auch werden, wenn du im Unterricht einmal nicht so gut aufgepasst hast – oder wenn du mit Erwachsenen spielst. Auf manchen Gebieten kennen sich Kinder nämlich einfach besser aus. Und so ganz nebenbei wirst du sicher noch einiges lernen und Dinge erfahren, mit denen du sogar ältere Freunde, deine Eltern oder deine Lehrer verblüffen kannst.

Und so wirst du Rätselchampion

Die Regeln für Quizspiele mit diesem Buch kannst du ganz allein oder zusammen mit deinen Mitspielern festlegen. Ihr könnt zum Beispiel in einer Spielrunde alle Fragen aus einem der drei Kapitel beantworten. Wer am Ende die meisten richtigen Antworten gegeben hat, ist Sieger. Wenn ihr nicht so lange spielen wollt, könnt ihr auch eine Spieldauer festlegen – zum Beispiel zehn Minuten. Oder ihr einigt euch darauf, dass derjenige gewinnt, der als Erster 10 oder 20 richtige Antworten gegeben hat. Und wenn auf eine Frage keiner von euch die Antwort weiß, müsst ihr nur die Folie auf die Geheimschrift legen. Die Antwort ist darunter versteckt.

Damit jeder die gleichen Chancen hat, haben wir die Fragen aus den sieben Wissensgebieten bunt durcheinander gewürfelt. Denn niemand ist auf jedem Gebiet gleich fit. An den kleinen Symbolen kannst du erkennen, zu welchem Gebiet die jeweilige Frage gehört:

- Tierwelt
- Blumen und Pflanzen
- Sport und Spiel
- Comics, Märchen und Geschichten
- Städte, Länder, Kontinente
- Allgemeines und Unglaubliches
- Scherz- und Trickfragen

Und nun hinein in die erste Spielrunde.

Wir wünschen dir viel Spaß!

1. Quizrunde

Auf die Plätze, fertig, los!

Seid ihr bereit? Habt ihr Block und Bleistift neben euch liegen, damit ihr die Punkte notieren könnt? Dann kann's losgehen. Unsere erste Spielrunde bringt euch zu Indianern und Eskimos, ihr lernt einen merkwürdigen Kellner kennen, kommt in die Heimat der Ananas und nach Amerika. Wer wird wohl der erste Etappensieger?

Wo wachsen Oliven?

Auf Bäumen
In der Erde
Am Strauch

Auf Bäumen

Wo sitzt der Jockey bei einem Trabrennen?

Er läuft neben seinem Pferd her
Im Wagen hinter seinem Pferd
Im Sattel auf dem Pferderücken

Im Wagen hinter seinem Pferd
Die leichten, zweirädrigen Wagen beim Trabrennen werden »Sulky« genannt

Karl May hat viele Bücher über das Leben der Indianer und den Wilden Westen geschrieben. Woher wusste er darüber so gut Bescheid?

Er hat selbst unter Indianern gelebt
Er hat Reiseberichte darüber gelesen
Einer seiner Nachbarn war Indianer

Er hat Reiseberichte darüber gelesen
Obwohl er schon 1893 seinen ersten »Winnetou«-Band veröffentlichte, besuchte Karl May Nordamerika erst 15 Jahre später

Zwei Taschendiebe kommen aus der Kneipe. Sagt der eine: »Mensch, hast du die herrliche Uhr vom Wirt gesehen?« - Was sagt der andere?

»Gee, zeig mal.«

Wohin gelangt ein Schiff, das von Süden kommend durch den Sueskanal fährt?

In die Nordsee
Ins Mittelmeer
In den Pazifik

Ins Mittelmeer.
Der Sueskanal verbindet das Rote Meer mit dem Mittelmeer. Die Schiffe ersparen sich dadurch die Umrundung Afrikas.

Mit welcher Waffe kämpft bei »Star Wars« der Jedi-Ritter Luke Skywalker gegen seinen Erzfeind und Vater Darth Vader ?

Mit dem Leuchtschwert
Mit dem Lichtschwert
Mit dem Energieschwert

Mit dem Lichtschwert.
Diese Waffe zeichnet einen Jedi-Ritter aus und gibt ihm die Macht, das Imperium zu bekämpfen.

Welches dieser Metalle kann nicht verrosten?

Gold
Stahl
Eisen

Gold

Wie heißt der Nadelbaum, der sich ganz anders als seine Verwandten verhält und im Herbst seine Nadeln abwirft?

Kiefer
Tanne
Lärche

Lärche

Woran kann man einen Hockeytorwart immer leicht erkennen, auch wenn das Spiel noch gar nicht begonnen hat und die Mannschaften am Spielfeldrand warten?

Er hat als Einziger keinen Schläger
Er trägt einen dicken Schutzanzug
Er trägt als Einziger rote Socken

Er trägt einen dicken Schutzanzug
Dazu gehört auch ein Gesichtsschutz, der Verletzungen durch die harte Hockeykugel verhindern soll.

Wo leben die Eskimos?

Nur in der Arktis

In der Antarktis

An beiden Polen

Nur in der Arktis

Als Arktis bezeichnet man das Nordpolargebiet, als Antarktis die Land- und Meeresgebiete um den Südpol. Diese sind abgesehen von einigen Forschungsstationen, unbewohnt.

Wer hat für ein Kinderbuch die Tigerente gemalt, die später sogar eine eigene Fernsehsendung bekam?

Janosch

Ungerer

Uderzo

Janosch

Mit bürgerlichem Namen heißt er übrigens Horst Eckert.

Bei welcher Sportart kann der Schiedsrichter »Abseits« pfeifen?

Nur beim Fußballspiel

Beim Fuß- und Handball

Bei allen Ballsportarten

Nur beim Fußballspiel

Menschen, die kein Glück im Leben haben, werden oft als »Pechvögel« bezeichnet. Wie ist dieser Ausdruck entstanden?

Schwarze Vögel galten im Mittelalter als Unglücksbringer – daher kommt auch das Wort »Unglücksrabe«

Vögel wurden früher mit Stangen gefangen, die vorher mit klebrigem Pech bestrichen worden waren

Vögeln kann es besonders leicht passieren, dass sie aus dem Nest fallen und ins Unglück stürzen

Vögel wurden früher mit Stangen gefangen, die vorher mit klebrigem Pech bestrichen worden waren

Ein Vogel, der an diesen Stangen hängen blieb, war für die Jäger leichte Beute. Manchmal wurde statt Pech auch Leim verwendet – die Vögel gingen den Jägern also im wahrsten Sinne des Wortes auf den Leim – daher kommt der Spruch »jemandem auf den Leim gehen«

Welche Farbe hat die Blüte der meisten Pilze?

Die meisten Pilze haben gelbe Blüten

Die meisten Pilze haben rosa Blüten

Unfug – Pilze haben gar keine Blüten

Unfug – Pilze haben gar keine Blüten

Das, was wir als Pilz sehen, ist nur der Fruchtkörper der Pflanze. Die Pflanze selbst ist als Geflecht unter der Erde versteckt – und treibt keine Blüten

Was sagt der Kellner, wenn man sich über eine in der Suppe schwimmende Brille beschwert?

»Also, ich sehe nichts«

Welches Tier nennt man auch »Adebar«?

Den Adler
Den Habicht
Den Storch

Den Storch

Wer ist eigentlich »Ötzi«?

Eine Mumie, die 5300 Jahre lang im Eis der Alpen eingefroren war
So heißt der kleine Hund, der oft in der Sesamstraße mitgespielt hat
Das ist der Name des kleinen Affen von Popstar Michael Jackson

Eine Mumie, die 5300 Jahre lang im Eis der Alpen eingefroren war
Als man die Mumie des Jägers Mitte der 90er Jahre in den österreichischen Alpen fand, war sie fast unversehrt. Das Eis und die trockene Luft hatten sie konserviert. Seinen Namen hat der Ötzi von der Fundstelle im Ötztal.

In dem Kinofilm »Free Willy« befreit ein kleiner Junge einen großen Meeresbewohner aus der Gefangenschaft und rettet ihn vor Gefahren. Um welches Tier handelt es sich dabei?

Willy ist ein Delfin
Willy ist ein Killerwal
Willy ist ein Pottwal

Willy ist ein Killerwal
Der 12-jährige Jesse befreit den Killerwal Willy aus seinem Becken, wo er zur Dressur gehalten wird.

»Nasi-goreng« ist eine asiatische Spezialität. Was bekommt man, wenn man dieses Gericht im Chinarestaurant bestellt?

Schweinenasen mit Paprika
Ein gebratenes Reisgericht
Huhn mit Bambussprossen

Ein gebratenes Reisgericht

Was bezeichnen Würfelspieler als »Pasch«?

Wenn ein Würfel vom Tisch fällt oder schrägt liegt
Wenn jeder der Würfel dieselbe Augenzahl anzeigt
Wenn die gewürfelte Augenzahl vorher geraten wurde

Wenn jeder der Würfel dieselbe Augenzahl anzeigt

Wenn drei Tauben auf dem Dach sitzen und man schießt eine ab – wie viele bleiben sitzen?

Keine – wegen des Knalls fliegen auch die beiden anderen davon

Womit spielt man Poker?

Mit einem Satz Spielkarten
Mit einem Würfelbecher
Mit bunten Spielsteinen

Mit einem Satz Spielkarten

An welchem Körperteil kann man am leichtesten erkennen, in welcher Stimmung Hund oder Katze gerade sind?

An ihrem Schwanz
An ihren Augen
An ihren Ohren

An ihrem Schwanz

Wedelt die Katze mit dem Schwanz, ist sie gereizt und will in Ruhe gelassen werden. Der Hund dagegen signalisiert mit wedelndem Schwanz genau das Gegenteil. Diese völlig unterschiedlichen Schwanzsignale sind ein Grund dafür, warum Katzen und Hunde oft nicht miteinander auskommen. Es handelt sich also eigentlich um Missverständnisse

Welche beiden Tiere müsste man miteinander kreuzen, damit ein Maultier geboren wird?

Esel und Kuh

Pferd und Esel

Esel und Hund

Pferd und Esel

Wie heißt die kleine Holzfigur, die sprechen kann und der beim Lügen eine ganz lange Nase wächst?

Pumuckl

Pinocchio

Hein Blöd

Pinocchio

Wo steht die amerikanische Freiheitsstatue?

Sie steht vor dem Hafen von New York

Sie steht in der City von Los Angeles

Sie steht im Hafen von San Francisco

Sie steht vor dem Hafen von New York

Von ihrem Standort auf der Insel Liberty Island aus begrüßt sie alle, die in den Hafen von New York einfahren. Sie ist Symbol für die Freiheit, die sich Millionen Auswanderer in ihrer neuen Heimat Amerika erwarteten.

Wie gut ist das Gehör einer Schlange?

So gut wie das eines Menschen
So gut wie das eines Jagdhundes
Schlangen können gar nicht hören

Schlangen können gar nicht hören
Sie spüren dafür die Erschütterungen des Bodens

Was trägt der Kapitän einer Fußballelf?

Er trägt eine Armbinde
Er trägt rote Handschuhe
Er trägt keine Nummer

Er trägt eine Armbinde

Welche dieser amerikanischen Großstädte trägt einen so langen Namen, dass er fast in Vergessenheit geraten ist und alle nur die Kurzfassung kennen und nennen?

Los Angeles
Las Vegas
San Francisco

Los Angeles
Wer's noch kürzer haben will, kann auch L.A. sagen. Der volle Name der Stadt lautet »El Pueblo de Nuestra Señora la Reina de los Angeles de Porciuncula«

Was ist ein Kitz?

Ein junges Eichhörnchen
Ein junges Reh
Ein junger Habicht

Ein junges Reh

Welche Vögel helfen dem Prinz im Märchen vom Aschenputtel, die richtige Braut zu finden?

Spatzen
Tauben
Krähen

Tauben
Sie warnen ihn mit dem Ruf »Ruckediguh, ruckediguh, Blut ist im Schuh, Blut ist im Schuh« vor der falschen Braut.

Welcher dieser Schmucksteine ist pflanzlicher Herkunft?

Bernstein
Feuerstein
Mondstein

Bernstein
Bernstein ist versteinertes, rund eine Million Jahre altes Harz von Nadelwäldern. Der gelblich weiße bis braunrote Stein wird schon seit der Steinzeit als Schmuck geschätzt.

Auf welcher Leiter kann man nicht klettern?

Auf der Tonleiter

Vor welchem Tier muss sich sogar ein Eisbär in Acht nehmen?

Vor einem Walross

Vor sibirischen Tigern

Vor einem Schwertwal

Vor einem Schwertwal

Die gehören nämlich zu den gefräßigsten Räubern unter den Säugetieren und sind auch für Eisbären eine Gefahr. Walrosse dagegen müssen eher Angst vor Eisbären haben – und sibirische Tiger gibt es in der Arktis gar nicht.

Ein Spaziergänger braucht für eine bestimmte Strecke eine halbe Stunde. Wie lange ist er unterwegs, wenn er einen zweiten Spaziergänger mitnimmt?

15 Minuten

30 Minuten

60 Minuten

30 Minuten

Ob er allein oder zu zweit geht, spielt für die Dauer des Weges keine Rolle.

Wo entdeckt Dornröschen das Spinnrad mit der vergifteten Spindel?

Im Keller einer seit vielen Jahren verlassenen Burg
In einem Turmzimmer des Schlosses ihres Vaters
In einer Abstellkammer hinter den Pferdestallungen

In einem Turmzimmer des Schlosses ihres Vaters

Bei welcher Sportart kann ein Schwebebalken benutzt werden?

Beim Segeln
Beim Turnen
Beim Laufen

Beim Turnen

Wie viele verschiedene Geschmacksrichtungen kann unsere Zunge unterscheiden?

Vier verschiedene
Zehn verschiedene
Weit über tausend

Vier verschiedene
Sie erkennt nur bitter, salzig, sauer und süß – aber aus der Mischung und vor allem mit Hilfe der Nase können daraus beinahe unzählig viele verschiedene Kombinationen entstehen

Welches Buch sollte man nicht verleihen?

Sein Sparbuch

Seit wann dürfen Frauen bei den olympischen Spielen teilnehmen?

Schon immer
Erst seit 1900
Erst seit 1996

Erst seit 1900

Welches Tier nennt man »Keiler«?

Einen jungen Boxerhund
Einen alten Biber
Ein männliches Wildschwein

Ein männliches Wildschwein

Was bekommt man serviert, wenn man im Restaurant »Scampi« bestellt?

Kleine Krebse
Bunte Nudeln
Fleischkugeln

Kleine Krebse

Wo ist die ursprüngliche Heimat der Ananas?

Mittelamerika
Nordspanien
Südliches Afrika

Mittelamerika

Der Komiker Otto Waalkes hat die Comicfiguren »Die Ottifanten« erfunden. Wie heißt der kleine Baby-Ottifant?

Er heißt Bruno
Er heißt Benno
Er heißt Bernie

Er heißt Bruno

Was darf sich nicht bewegen, wenn ein Spieler beim Mikadospiel ein Stäbchen anhebt?

Es darf sich kein anderes Stäbchen bewegen
Der Spieler selbst darf sich nicht bewegen
Die Mitspieler dürfen sich nicht bewegen

Es darf sich kein anderes Stäbchen bewegen

Beim Mikado darf ein Spieler so lange Stäbchen wegnehmen, bis sich dabei ein anderes Stäbchen bewegt. Dann ist der nächste Spieler dran. Gewonnen hat, wer am Ende die meisten Stäbchen aufheben konnte.

Wenn eine Frau in hochhackigen Schuhen einen Elefanten über eine sumpfige Wiese führt, wer sackt dann tiefer in den Boden ein?

Der Elefant

Die Frau

Beide gleich

Die Frau
Durch die großen Fußsohlen des Elefanten verteilt sich dessen Gewicht auf eine größere Fläche als das Gewicht der Frau auf ihre Schuhsohlen – deshalb sinkt sie tiefer ein.

Till Eulenspiegel hat seine tollen Streiche nicht nur in Büchern getrieben, er soll wirklich gelebt haben. In welcher deutschen Stadt war er zu Hause?

In Mölln

In Lübeck

In Berlin

In Mölln
Mölln ist eine kleine Stadt in Schleswig-Holstein, etwa auf halber Strecke zwischen Hamburg und Lübeck.

Welcher Baum hat keine Blätter oder Nadeln?

Der Schlagbaum

Für die Currywurst braucht man eine Wurst und Curry. Aber was ist Curry?

Die gemahlene Rinde vom Currybaum

Eine Mischung aus etwa 30 Gewürzen

Getrocknete Blätter der Curryorchidee

Eine Mischung aus etwa 30 Gewürzen

Unter anderem sind auch Zimt und Kümmel darin enthalten

Wie kam die Osterinsel zu ihrem Namen?

Sie wurde zu Ostern entdeckt

Es gibt dort sehr viele Hasen

Wegen der eiförmigen Berge

Sie wurde zu Ostern entdeckt

Und zwar 1722 vom holländischen Seefahrer Roggeveen.

Sie liegt im Pazifik und gehört heute zu Chile.

Auf welchen Knochen ist ein Boxer nicht angewiesen?

Auf den Meniskusknochen

Auf den Mittelhandknochen

Auf den Schienbeinknochen

Auf den Meniskusknochen

Den gibt es nämlich gar nicht – der Meniskus ist ein Knorpel im Kniegelenk.

Auf welcher Schule gibt es keine Diktate?

Auf der Baumschule

Welches Tier schlägt Haken, um seinen Verfolgern zu entkommen?

Das tut der Biber

Das Eichhörnchen

Ein Hase kann das

Ein Hase kann das

Er kann in vollem Lauftempo die Richtung ändern. Vor einem Hund muss der Hase deshalb keine Angst haben, der kann ihm nämlich nicht folgen – der Hund kommt dabei ins Stolpern. Erst wenn ein Hase von mehreren Hunden gejagt wird, die von verschiedenen Seiten kommen, wird's für ihn gefährlich

Wie lang ist die Strecke, die ein Hürdenläufer maximal zurücklegen muss?

200 Meter

400 Meter

800 Meter

400 Meter

Das gilt für den Wettbewerb der Männer. Beim Hürdenlauf der Frauen sind es sogar nur 200 Meter

Was macht ein Gärtner, wenn er beim Umgraben Regenwürmer findet?

Er freut sich darüber

Er ärgert sich darüber

Es ist ihm völlig egal

Er freut sich darüber

Regenwürmer sind ein Zeichen dafür, dass viele Nährstoffe für Pflanzen vorhanden sind. Außerdem lockern sie durch ihre Wühlarbeit den Boden auf. Pflanzen können in der lockeren Erde besser wachsen.

Wein aus der deutschen Region Franken wird in ganz besondere Flaschen abgefüllt - wie nennt man sie?

Korbflaschen

Bocksbeutel

Krugflaschen

Bocksbeutel

Wie heißt der Sänger bei Asterix und Obelix?

Sein Name ist Taugtgarnix

Der Sänger heißt Troubadix

Gemeint ist Singstdugarnix

Der Sänger heißt Troubadix

Unter welchen Baum sollte man sich bei Gewitter stellen?

Unter eine Eiche
Unter eine Buche
Unter gar keinen

Unter gar keinen
Bäume ziehen Blitze an – steht man darunter, kann man leicht getroffen werden. Am sichersten ist es, sich bei Gewitter in einem Haus oder Auto aufzuhalten, weil der Blitz nicht in den Innenraum eindringen kann. Wenn das nicht möglich ist und man im Freien von einem Gewitter überrascht wird, sollte man sich in einer Erdmulde flach auf den Boden legen.

Ein dänischer Erfinder hat die inzwischen berühmten Plastikbauklötze entwickelt, die sich fest miteinander verbinden lassen, und sie »LEGO« genannt. Wie kam er auf diesen Namen?

Er bildete den Namen aus den Anfangsbuchstaben seiner vier Kinder
Er bildete ihn aus der Abkürzung der dänischen Wörter für gutes Spielzeug
Sein Name war Fred Lego. Er gab ihnen also einfach seinen eigenen Familiennamen

Er bildete ihn aus der Abkürzung der dänischen Wörter für gutes Spielzeug

Wer ist »Franzi« aus »Das große Krabbeln«?

Ein Regenwurm
Ein Maikäfer
Ein Marienkäfer

Ein Marienkäfer

Wofür benutzt man einen Kompass?

Um sich die Richtung anzeigen zu lassen
Um zu sehen, ob sich das Wetter ändert
Damit man weiß, wie spät es gerade ist

Um sich die Richtung anzeigen zu lassen

Der Kompass zeigt an, wo Norden ist. Und wenn man das weiß, kann man auch alle anderen Himmelsrichtungen bestimmen.

Welche der folgenden Aussagen ist falsch?

Alle Vögel legen Eier
Alle Vögel haben Schnäbel
Alle Vögel können fliegen

Alle Vögel können fliegen

Alle Vögel legen Eier, und auch ohne Schnabel kommt kein Vogel aus. Manche Vögel jedoch können nicht fliegen. Der Strauß zum Beispiel kann nicht fliegen. Und auch der Pinguin ist ein Vogel, der nicht fliegen kann.

Woran erkennt man Verkehrsschilder, die etwas erlauben und nicht etwas verbieten?

Sie sind alle rund
Sie sind alle blau
Sie sind alle eckig

Sie sind alle blau
Solche Schilder heißen Gebotszeichen. Für Verbotszeichen dagegen werden rote Farben verwendet

Warum konnte der deutsche Formel-1-Pilot Michael Schumacher 1999 nicht in Wimbledon starten?

Der Motor seines Ferrari ging im Training kaputt
Er hatte sich nach einem Unfall das Bein gebrochen
Das Rennen in Wimbledon hat nicht stattgefunden

Das Rennen in Wimbledon hat nicht stattgefunden
In Wimbledon werden keine Formel-1-Rennen gefahren – dort wird Tennis gespielt

Wie weit kann ein Frosch hüpfen?

Knapp 50 Zentimeter
Ungefähr einen Meter
Mehr als zwei Meter

Ungefähr einen Meter

Was sagt der Kellner, wenn man sich über eine tote Fliege beschwert, die in der Suppe schwimmt?

»Unsinn – tote Fliegen können nicht schwimmen«

Wo liegt die Quelle des deutschen Flusses Weser?

Sie liegt in der Nähe von Bremen

Sie liegt in der Nähe von Dresden

Die Weserquelle gibt es gar nicht

Die Weserquelle gibt es gar nicht

Die Weser entsteht aus dem Zusammenfluss von Fulda und Werra

In vielen Gruselgeschichten tauchen Vampire auf. Vor manchen Dingen müssen sie sich in Acht nehmen. Wovor aber haben sie keine Angst?

Vor einer Gewehrkugel

Vor hellem Tageslicht

Vor einem Holzpflock

Vor einer Gewehrkugel

Sie kann den Vampiren nichts anhaben, aber helles Tageslicht, ein Kreuz oder ein Holzpflock können die Vampire der Sage nach töten.

2. Quizrunde

Hinein in die nächste Quizrunde!

Auch für den, der in der ersten Runde nicht gewonnen hat, ist noch alles offen. Er kann nun zur Revanche antreten. Jetzt habt ihr ja schon Übung und könnt noch mal so schnell raten, wer den Minirock erfunden hat oder wie man am besten Rollmöpse angelt. Wer auch die zweite Spielrunde gewinnt, hat die besten Chancen, Champion zu werden.

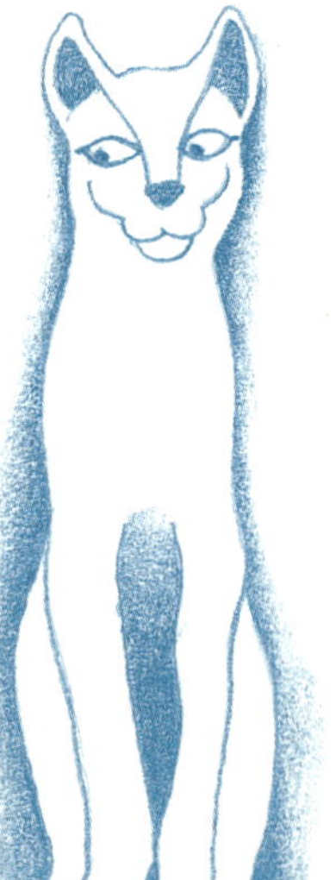

Wen oder was bezeichnet man als »Regatta«?

Die Wettfahrt von Segel- und Ruderbooten

Den Gewinner eines Segelboot-Wettrennens

Den Verlierer eines Ruderboot-Wettrennens

Die Wettfahrt von Segel- und Ruderbooten

Was ist das »Schlüsselbein«?

Der Teil des Schlüssels, an dem man einen Ring durchziehen kann

Ein Werkzeug, um Schlösser zu öffnen, deren Schlüssel verloren ist

Ein menschlicher Knochen zwischen Brustbein und Schultergelenk

Ein menschlicher Knochen zwischen Brustbein und Schultergelenk

Was haben Maulwurf und Igel gemeinsam?

Die Stacheln

Die Nahrung

Die schlechten Augen

Die Nahrung
Beide ernähren sich von kleinen Insekten, wie zum Beispiel Käfern. Der Maulwurf hat keine Stacheln und ist im Gegensatz zum Igel, der sehr gut sehen kann, fast blind.

Warum muss man im Restaurant für zwei Spiegeleier meistens mehr bezahlen als für zwei Rühreier?

Weil man Spiegeleier nachzählen kann

Welchen Teilnehmern eines Sportwettkampfs werden Hindernisse in den Weg gestellt?

Springreitern

Staffelläufern

Galoppreitern

Springreitern

Wie tief muss ein Gartenteich sein, wenn du darin Goldfische züchten möchtest?

Etwa 25 Zentimeter tief

Etwa einen Meter tief

Das ist den Fischen völlig egal

Etwa einen Meter tief

Nur dann haben die Fische eine Chance, auch im Winter zu überleben. Denn dicker als 30 Zentimeter wird eine Eisdecke auf dem Wasser selten. Darunter können die Fische überwintern – allerdings nur dann, wenn durch ein Loch im Eis oder einen Wasserzulauf Sauerstoff ins Wasser gelangen kann.

Wer hat den Minirock erfunden?

Eine Französin
Eine Engländerin
Eine Italienerin

Eine Engländerin
Vor rund 40 Jahren kam Mary Quant auf die Idee, die bis dahin mindestens knielangen Röcke kürzer zu machen.

Wie heißt der kleine Vogel, der aus den Trickfilmen mit dem Hasen Bugs Bunny bekannt ist?

Speedy
Tweety
Ritchie

Tweety

Welches Tier zeigt das Landeswappen von Nordrhein-Westfalen?

Einen Löwen
Ein Wildpferd
Einen Adler

Ein Wildpferd
Neben dem Westfalenross ist im Wappen noch ein silbernes Band zu sehen, das den Rhein darstellen soll, und eine Rose, die den Landesteil Lippe repräsentiert.

Warum gilt die Polarweide als ein ganz besonderer Baum?

Weil sie immer mitten im Winter blüht

Weil sie schwarzweiße Blätter trägt

Weil sie nur drei Zentimeter hoch wird

Weil sie nur drei Zentimeter hoch wird

Zu welcher Tierart gehören Fledermäuse?

Zu den Säugetieren

Zu den Insekten

Zu den Vögeln

Zu den Säugetieren

Wie nennt man es bei einem beliebten Würfelspiel, wenn man mit einem Wurf eine Augenzahl zweimal und eine andere dreimal würfelt?

Dazu sagt man »Grand Slam«

Dazu sagt man »Full House«

Das ist eine »Kleine Straße«

Dazu sagt man »Full House«

Mit »Full House« und »Kleine Straße« bezeichnet man Würfe beim Kniffelspiel. Für eine »Kleine Straße« müssen vier der fünf Würfel eine Folge bilden – eins, zwei, drei und vier Augen zum Beispiel. »Grand Slam« ist ein Tennisturnier

Was befindet sich zwischen Himmel und Erde?

Das Wort »und«

Wohin gelangt man, wenn man das Mittelmeer bei Gibraltar verlässt?

In den Atlantik
In den Pazifik
In die Nordsee

In den Atlantik

Die Nordsee ist zwar ein Teil des Atlantiks. Sie beginnt aber viel weiter nördlich. Um in die Nordsee zu kommen, müsste man von Gibraltar aus Richtung Norden an den Küsten Portugals, Spaniens und Frankreichs vorbei.

Luke Skywalker aus »Star Wars« hat zwei ständige Begleiter. Einer der beiden ist ein kleiner Droide. Wie heißt er?

X1 Y2
A5 B5
R2 D2

R2 D2

Das kleine roboterähnliche Wesen hilft mit seinen verschiedenen Spezialwerkzeugen dem Jedi-Ritter Skywalker oft bei dessen Abenteuern.

Wann sieht ein junger Kuckuck seine Eltern zum ersten Mal?

Wenn er aus dem Ei schlüpft
Eine Woche nach dem Schlüpfen
Das hängt ganz vom Zufall ab

Das hängt ganz vom Zufall ab
Der Kuckuck legt seine Eier in fremde Nester und lässt sie von anderen Vögeln ausbrüten. Die Vögel, mit denen der junge Kuckuck im Nest sitzt, sind also weder seine richtigen Eltern noch seine Geschwister. Es kann sogar sein, dass er seine wirklichen Eltern nie zu sehen bekommt.

Der Rollmops ist ein ganz besonderer Fisch. Wo kann man ihn angeln?

Auf hoher See
In Bergbächen
Überhaupt nicht

Überhaupt nicht
Der Rollmops ist ein sauer eingelegtes Heringsfilet, in das Gurkenstückchen eingerollt sind. Und Heringe werden normalerweise mit Netzen gefangen.

Welcher Puter hat weder Flügel noch Federn?

Der Computer

Was bedeutet es, wenn ein Fußballspieler die rote Karte zu sehen bekommt?

Er muss sofort das Spielfeld verlassen

Er ist für drei weitere Spiele gesperrt

Er ist erst mal für vier Wochen gesperrt

Er muss sofort das Spielfeld verlassen

Welchen Namen teilen sich zwei völlig unterschiedliche Pflanzen, von denen wir eine als Blume und die andere als Gewürz kennen?

Tulpe

Nelke

Iris

Nelke

Welches ganz besondere Ereignis feierten die deutschen Fernsehanstalten im August des Jahres 1967?

Sie führten einen gemeinsamen Kinderkanal ein

Sie begannen mit der Ausstrahlung von Farbfilmen

Sie beschlossen, Fernsehgebühren einzuführen

Sie begannen mit der Ausstrahlung von Farbfilmen
Vorher konnte man Fernsehsendungen nur in Schwarzweiß empfangen

Welche Sprache wird auf der Welt von den meisten Menschen gesprochen?

Englisch
Chinesisch
Spanisch

Chinesisch

Wo lebte der Mensch, der die erste Gurke gegessen hat?

In Afrika
In China
In Europa

In China
China ist die Heimat der Gurke.

Wie heißt das Spiel, bei dem man aus den Buchstaben auf seinen Spielsteinen Wörter bilden muss?

Scrabble
Rommé
Rummy

Scrabble
Beim Rommé muss man zusammenpassende Spielkarten auslegen, beim Rummy legt man Zahlenreihen.

Welche Nummer ist immer besetzt, wenn man sie anrufen will?

Die eigene Telefonnummer

Wie viele Stunden am Tag verbringt ein Nilpferd mit der Nahrungsaufnahme?

Ein bis zwei Stunden
Mehr als fünf Stunden
Es frisst tagsüber nicht

Es frisst tagsüber nicht
Nilpferde nehmen nur nachts Nahrung auf, tagsüber dösen sie im Wasser und ruhen sich aus

In vielen amerikanischen Krimis spielt die US-Bundespolizei eine wichtige Rolle. Wie wird diese Behörde abgekürzt?

CIA
FBI
CNN

FBI
Die Behörde heißt mit vollem Namen Federal Bureau of Investigation, was sich mit Zentralbehörde für Ermittlungen übersetzen lässt. CIA steht für den US-Geheimdienst, CNN ist der Name eines US-Nachrichtensenders

Welche Tür kann man nicht zuschlagen?

Die Drehtür

Welches dieser drei Tiere ist kein Raubvogel?

Der Habicht
Die Eule
Der Specht

Der Specht

Was ist eigentlich ein »Caddie«?

Ein Helfer beim Golfspiel
Eine sehr kleine Hunderasse
Eine Mütze für Regenwetter

Ein Helfer beim Golfspiel
Er trägt unter anderem die Ausrüstung des Spielers.

Welches Spiel könnte man sich aus bunt bemalten Schaschlikspießen selbst basteln?

Ein Mikado
Ein Memory
Ein Domino

Ein Mikado

Wie heißen die Ureinwohner Australiens?

Aborigines
Tao-Indios
Polynesier

Aborigines

Eichhörnchen machen Donald Duck häufig das Leben schwer – und umgekehrt. Mit wie vielen Eichhörnchen hat er es zu tun?

Mit zwei Eichhörnchen
Mit drei Eichhörnchen
Mit vier Eichhörnchen

Mit zwei Eichhörnchen
Sie heißen A-Hörnchen und B-Hörnchen – aber genau betrachtet sind sie gar keine Eichhörnchen, sondern Backenhörnchen.

Wachsen Erdnüsse wirklich in der Erde?

Natürlich, daher haben sie ihren Namen
Nein, sie wachsen knapp über der Erde
Das kommt auf die Sorte der Erdnuss an

Natürlich, daher haben sie ihren Namen
Nach der Befruchtung der Blüten bohren sich die Fruchtstände der Erdnuss in den Boden und reifen dort.

Welches Tier kann boxen?

Der Eisbär

Das Maultier

Das Känguru

Das Känguru

Wann kann man Radieschen im Gartenbeet aussäen?

Von Oktober bis Februar

Von März bis September

Nur im Januar und Februar

Von März bis September

In allen anderen Monaten ist es zu kalt, und der Samen kann nicht keimen

Was steht im hundertjährigen Kalender?

Vorhersagen fürs Wetter

Alle kirchlichen Feiertage

Gute Gesundheitstipps

Vorhersagen fürs Wetter

Der hundertjährige Kalender stammt allerdings schon aus dem Jahr 1700. Um zu wissen, ob am nächsten Tag die Sonne scheint oder nicht, verlässt man sich besser auf den Wetterbericht.

Die Mutter von Paul hat sechs Kinder. Sie wohnen in einem großen Haus. Ihr Mann ist Maurer. Und zwei Katzen hat die Familie auch. Die Kinder heißen Peter und Petra, Martin und Martina, Karl - und wie heißt das sechste Kind?

Paul

Wie viele Jahre muss der Gewinner einer olympischen Goldmedaille warten, ehe er in derselben Disziplin wieder eine Goldmedaille erringen kann?

Er muss zwei Jahre warten

Er muss vier Jahre warten

Er darf nur einmal antreten

Er muss vier Jahre warten

Die olympischen Spiele finden nur alle vier Jahre statt

Wie heißen die beiden Schauspieler Oliver Hardy und Stan Laurel in dem Filmduo, durch das sie weltberühmt geworden sind?

Plisch und Plum

Kurz und Lang

Dick und Doof

Dick und Doof

Was ist der wichtigste Unterschied zwischen einem Klavier und einer Geige für einen Menschen, der keine Musik mag?

Das Klavier brennt länger.

Wo kann es Sportlern passieren, dass sie einen »Pudel« werfen?

Auf einem Hundedressurplatz

Auf Kegel- oder Bowlingbahnen

Beim Hammer- und Diskuswurf

Auf Kegel- oder Bowlingbahnen

Als »Pudel« bezeichnet man einen Wurf, bei dem die Kugel keinen der aufgestellten Kegel trifft.

Was hilft der Fledermaus, im Dunkeln ihren Weg zu ihrer Beute zu finden?

Sie hat besonders gute Augen

Sie hat eine besonders gute Nase

Sie hat besonders gute Ohren

Sie hat besonders gute Ohren

Die Fledermaus stößt sehr hohe Schreie aus, die man Ultraschall nennt. An Hindernissen oder Beuteinsekten prallt der Ultraschall ab. Durch das Echo erkennt die Fledermaus, ob sie ein kleines Beutetier oder ein Hindernis vor sich hat.

Wie heißt die chinesische Hauptstadt?

Das ist Shanghai

Sie heißt Peking

Das ist Hongkong

Sie heißt Peking

Lucky Luke ist ein berühmter Comiccowboy. Wie heißt sein Pferd?

Jolly Jumper

Rosinante

Rin-Tin-Tin

Jolly Jumper

Welchen Reisepass hatte der Mann dabei, der als erster Mensch im Weltraum unterwegs war?

Einen russischen Pass

Einen amerikanischen Pass

Gar keinen Reisepass

Gar keinen Reisepass

Das behauptet jedenfalls die russische Weltraumbehörde. Es wurde nämlich auf jedes unnötige Gewicht verzichtet. Der erste Mensch im Weltraum war der Kosmonaut Juri Alexejewitsch Gagarin, ein Russe, der seinen russischen Pass wahrscheinlich zu Hause liegen hatte.

Mit welchem Ball kann man nicht spielen?

Mit dem Ball, auf dem getanzt wird

Was ist ein »Dingo«?

Ein ganz kleiner Dinosaurier
Ein australischer Wildhund
Ein französisches Wildpferd

Ein australischer Wildhund

Was passiert mit den Angehörigen der Familie Duck aus Entenhausen, wenn sie sich ärgern?

Sie haben plötzlich Zähne
Sie bekommen grüne Füße
Sie verlieren ihre Federn

Sie haben plötzlich Zähne

Wie schwer ist ein Fußball, der für offizielle Spiele zugelassen ist?

Er ist aus Leder und wiegt 396 bis 453 Gramm
Er wiegt 500 Gramm, ist aus Plastik oder Leder
Nur die Größe ist festgelegt, nicht das Gewicht

Er ist aus Leder und wiegt 396 bis 453 Gramm

Wo befindet sich der Amtssitz des englischen Premierministers?

In der Downing Street

Im Buckingham Palace

Im Londoner Tower

In der Downing Street

In Nachrichtensendungen wird oft sogar die Hausnummer genannt: »Number ten, Downing Street«

Wie nennt man im Scherz den Deutschen Fußballpokal?

Suppentopf

Salatschüssel

Kaffeekanne

Salatschüssel

Welcher der folgenden Textilstoffe wird aus einer Pflanze gewonnen?

Wolle

Leinen

Seide

Leinen

Leinen wird aus den versponnenen Fasern hergestellt, die aus dem Stängel der Flachspflanze gewonnen werden.

Krimifans kommen sofort darauf: Wer hat in Deutschland dieselben Aufgaben wie das FBI in Amerika?

Die CIA
Das BKA
Der BND

Das BKA
BKA steht für Bundeskriminalamt. Seine Aufgaben sind vergleichbar mit denen des FBI, der amerikanischen Bundespolizei. Die Behörden sind zuständig für Ermittlungen bei Straftaten, die sich über mehrere Bundesländer erstrecken, oder beim Kampf gegen internationale Verbrecherorganisationen wie die Mafia.

Warum jagen Haie normalerweise keine Schwertfische?

Weil sie Angst vor deren Schwert haben
Weil Schwertfische Giftstacheln besitzen
Weil ihnen Schwertfische immer entwischen

Weil ihnen Schwertfische immer entwischen
Der Hai ist nur knapp 40 Stundenkilometer schnell und damit ein ziemlich langsamer Jäger. Sogar die viel größeren Wale schaffen 50 Stundenkilometer. Und Schwertfische schwimmen den Haien spielend leicht davon – sie sind mehr als doppelt so schnell wie sie und erreichen bis zu 90 Stundenkilometer.

Was tut man, wenn man »jemanden aufs Glatteis führt«?

Man macht ihm ein Geschenk
Man bringt ihm Eislaufen bei
Man schwindelt ihm etwas vor

Man schwindelt ihm etwas vor

Worauf kommt es beim »Galopp-Derby« an?

Die Pferde müssen möglichst schnell laufen können
Die Pferde müssen möglichst hoch und weit springen
Die Wagen hinter den Pferden dürfen nicht umkippen

Die Pferde müssen möglichst schnell laufen können
Das Galoppderby ist ein Schnelligkeitsrennen ohne Hindernisse und Wagen.

Was erspart sich ein Kapitän, der mit seinem Schiff durch den Panamakanal fährt?

Er erspart sich den Weg um das Kap Hoorn
Er erspart sich den Weg um Kap Arkona
Er erspart sich das Kap der guten Hoffnung

Er erspart sich den Weg um das Kap Hoorn
Das Kap Hoorn ist die Südspitze Südamerikas; Kap Arkona dagegen liegt auf der deutschen Ostseeinsel Rügen, das Kap der guten Hoffnung an der Südspitze Afrikas.

Wo ist die natürliche Heimat der Pinguine?

Nur am Nordpol (Arktis)
Nur am Südpol (Antarktis)
Am Nord- und am Südpol

Sie leben nur am Südpol

Der Hund Snoopy von den Peanuts hat einen Vogel zum Freund. Wie heißt er?

Beethoven
Bernstein
Woodstock

Woodstock

Was ist das Besondere an der Art, wie sich die Einwohner der kanarischen Insel Gomera verständigen?

Sie verwenden nur etwa 30 Wörter
Sie verständigen sich durch Pfiffe
Sie benutzen nur Handzeichen

Sie verständigen sich durch Pfiffe
Diese so genannte Sprache heißt »Silbo« und ist über Entfernungen bis zu acht Kilometer hörbar – aber natürlich können sich die Einwohner Gomeras auch ganz normal unterhalten. Amtssprache ist Spanisch.

Wann wird jeder Politiker zum Zurücktreten aufgefordert?

Wenn er zu dicht an der Bahnsteigkante steht.

Womit beginnt üblicherweise ein Wasserballspiel?

Mit einem kurzen Wettschwimmen
Mit einem gemeinsamen Wettlauf
Die Torwarte müssen untertauchen

Mit einem kurzen Wettschwimmen
Der Ball wird in die Mitte des Feldes gelegt, und beide Mannschaften müssen von der hinteren Kante ihrer Beckenseite starten und versuchen, sich den Ball als Erste zu holen.

Welcher deutsche Hafen ist der größte Europas?

Der Hamburger Hafen
Der Duisburger Hafen
Der Frankfurter Hafen

Der Duisburger Hafen
Der Duisburger Hafen ist der größte Binnenhafen Europas. Der Hamburger Hafen ist zwar flächenmäßig größer und Deutschlands bedeutendster Seehafen, aber in Europa kommt er nach Rotterdam erst an zweiter Stelle.

Wonach sucht Inspektor Clouseau in den Pink-Panther-Filmen?

Nach einer großen rosa Raubkatze
Nach einem wertvollen Edelstein
Nach einem grünblauen Elefanten

Nach einem wertvollen Edelstein
Der Pink Panther ist ein großer Diamant.

Wo haben es die Schulkinder besonders schwer, das Alphabet zu lernen?

In Griechenland
In Kambodscha
In der Ukraine

In Kambodscha
Das dortige Alphabet gilt als das längste der Welt – es hat 74 Buchstaben

Wie viele Spiegeleier kann man aus einem Straußenei machen?

Ein Spiegelei
Zehn Spiegeleier
Dreißig Spiegeleier

Ein Spiegelei
Aber die Portion ist so groß, dass sie für 30 Leute reicht.

Welche Fehler gibt es gar nicht?

Druckfehler

Wenn etwas falsch gedruckt ist, muss es vorher jemand falsch geschrieben haben. Der Fehler entsteht also beim Setzen, nicht beim Drucken.

Welche der genannten Obstsorten passt nicht zu den beiden anderen?

Der Pfirsich
Die Birne
Die Pflaume

Die Birne

Sie gehört wie der Apfel oder die gelbe Quitte zum Kernobst, Pfirsich und Pflaume dagegen sind Steinobst.

Welches der folgenden Sportgeräte kann auch von den Teilnehmern einer Olympiade im Wettkampf benutzt werden?

Ein Tennisschläger
Eine Bowlingkugel
Ein Mountainbike

Ein Tennisschläger

Im Gegensatz zum Bowling und zu Wettfahrten mit dem Mountainbike ist Tennis eine olympische Disziplin.

Wie oft muss man mindestens würfeln, um eine Sechs zu werfen?

Einmal
Zweimal
Sechsmal

Einmal
Mit viel Glück kommt sie nämlich schon beim ersten Wurf

Vielleicht kennst du auch die Abenteuer, die Winnie Puuh und seine Freunde im Hundertmorgenwald bestehen müssen. Wer aber ist eigentlich Winnie Puuh?

Ein tollpatschiger Teddybär
Ein neugieriges Kaninchen
Ein ziemlich schlauer Papagei

Ein tollpatschiger Teddybär

Vor welchem Biss muss man keine Angst haben?

Vor dem der Königskobra
Vor dem eines Pythons
Vor dem einer Klapperschlange

Vor dem eines Pythons
Diese Riesenschlange hat keine Giftzähne

Wie heißt die kleine Freundin der Diddl-Maus?

Diddlina
Diddlania
Didi

Diddlina

Was passiert, wenn man bei einem Kellner in Österreich »Schmarrn« bestellt?

Er serviert Rührei mit Schinken
Er bringt eine süße Mehlspeise
Er ist beleidigt und ruft seinen Chef

Er bringt eine süße Mehlspeise

Nicki Lauda war ein berühmter und erfolgreicher Formel-1-Fahrer. Was tat er nach seiner Karriere als Rennfahrer?

Er kaufte sich eine Autowerkstatt
Er gründete eine Fluggesellschaft
Er ging als Cheftrainer zu Ferrari

Er gründete eine Fluggesellschaft
Die österreichische Gesellschaft Lauda-Air ist nach ihm benannt. Er besitzt auch selbst eine Lizenz, um große Passagiermaschinen zu fliegen.

Welche beiden Länder verbindet der Kanaltunnel?

Er verbindet Deutschland und England
Er verbindet Frankreich und England
Er verbindet Holland und Frankreich

Er verbindet Frankreich und England

Für welche Straße oder welchen Platz muss man beim Monopoly die höchste Miete zahlen?

Für die Schlossallee
Für den Opernplatz
Für die Hafenstraße

Für die Schlossallee

Welches dieser drei Tiere kann am besten springen?

Der Hundefloh
Der Grasfrosch
Das Känguru

Der Hundefloh
Er kann etwa 200-mal so weit springen, wie er selbst groß ist – der Frosch schafft eine Strecke, die dem Zwölffachen seiner Körpergröße entspricht, das Känguru schafft nur die fünffache Strecke seiner Größe.

Im alten Ägypten wurde eines dieser Tiere als Gottheit verehrt - welches?

Der Hund
Die Katze
Die Ratte

Die Katze

Worauf würde man stoßen, wenn man mit einem riesigen Bohrer genau durch die Mitte der Erdkugel bohren würde?

Auf einen riesigen Goldschatz
Auf ein gigantisches Erdölfeld
Auf den heißesten Punkt der Erde

Auf den heißesten Punkt der Erde
Der heißeste Punkt der Erde ist der Erdmittelpunkt. Er besteht aus geschmolzenen Gesteinen und Mineralien.

Welche Pflanze benötigt gar kein Wasser?

Eine Palme benötigt gar kein Wasser
Ein Kaktus benötigt gar kein Wasser
Keine Pflanze lebt ganz ohne Wasser

Keine Pflanze lebt ganz ohne Wasser
Selbst Kakteen, die viel Feuchtigkeit speichern können, vertrocknen ohne Wasser

Für welche Hunde muss man keine Hundesteuer bezahlen?

Für sehr kleine Hunde, die nicht mehr als vier Kilo wiegen
Für Blindenhunde, die eine spezielle Ausbildung haben
Für Hunde, die auf der Straße immer den Maulkorb tragen

Für Blindenhunde, die eine spezielle Ausbildung haben

Wie viele Höcker hat ein Lama?

Einen, genau wie das Dromedar
Zwei, genau wie die Kamele
Lamas haben gar keine Höcker

Lamas haben gar keine Höcker

In vielen Geister- und Gespenstergeschichten spielt der Halloweentag eine große Rolle. Wann ist Halloween?

Am 31. Oktober
Am 15. August
Am 1. Dezember

Am 31. Oktober

Gefeiert wird Halloween in der Nacht vom 31. Oktober auf den 1. November. In der Halloweennacht werden ausgehöhlte Kürbisse aufgestellt, in die Gesichter geschnitten wurden und die von innen mit einer Kerze beleuchtet werden.

Woran erkennt man einen freundlichen Motorradfahrer, der immer lächelnd auf seiner Maschine sitzt?

An den Fliegen auf seinen Zähnen

Seit wann gibt es Rollschuhe?

Seit 1759
Seit 1824
Seit 1907

Seit 1759
Sie wurden von dem Belgier Joseph Merlin erfunden – ursprünglich nur als Gag für einen Maskenball.

In vielen Indianergeschichten ist die Rede von Kämpfen, die sich Indianer und US-amerikanische Soldaten geliefert haben. Wie hießen die befestigten Lager der Soldaten im Wilden Westen?

Fort
Camp
Town

Fort
Ein Camp war immer nur ein kurzfristiges, unbefestigtes und meist aus Zelten bestehendes Lager. Town ist das englische Wort für Stadt.

3. Quizrunde

☞ Nun wird's spannend

Wenn ihr bis hierher gekommen seid, gehört ihr zu den Anwärtern für die große Meisterschaft, selbst wenn ihr die anderen Runden nicht gewonnen habt. Wer so lange durchgehalten hat, ist auf jeden Fall klüger geworden. Jetzt solltet ihr euch noch einmal gut konzentrieren, denn nun geht's um geschwätzige Papageien und zerschlagene Ziegelsteine.
Ein Hoch auf den Champion!

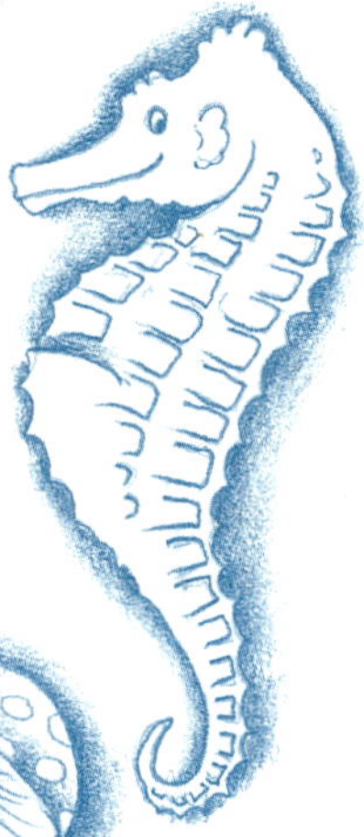

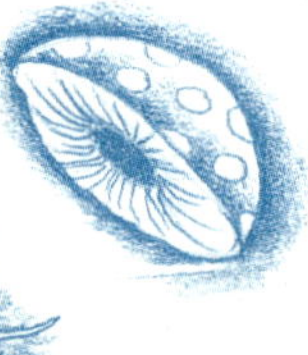

Das Känguru gehört zu den Beuteltieren - aber wozu dient ihm sein Beutel?

Als Kinderstube fürs Baby

Um Früchte einzusammeln

Um Wasser zu speichern

Als Kinderstube fürs Baby

Welches skandinavische Land grenzt direkt an Deutschland?

Schweden

Dänemark

Norwegen

Dänemark

Es beginnt an der Nordgrenze von Schleswig-Holstein.

Wie viele Wörter kann sich ein Papagei merken und nachplappern?

Maximal 50 Wörter

Bis etwa 100 Wörter

Mehr als 800 Wörter

Mehr als 800 Wörter

So viele jedenfalls beherrschte der Graupapagei »Prudle«. Er gewann damit in London mehrmals einen Wettbewerb als bester sprechender Vogel.

Was stößt ein Wal aus, wenn er aus dem Wasser auftaucht?

Eine Wasserfontäne
Einen Schwall heiße Luft
Einen lauten Schrei

Einen Schwall heiße Luft
Weil die ausgeatmete Luft jedoch sehr warm ist und kondensiert, sieht es so aus, als würde er eine Wasserfontäne ausstoßen.

Neuseelands Wappentier ist der Kiwi, ein Vogel. Er kann etwas, was in der Vogelwelt einmalig ist. Was?

Er kann auch rückwärts fliegen
Er besitzt einen Geruchssinn
Er kann beim Fliegen schlafen

Er besitzt einen Geruchssinn

Peter Maffay hat das Musical »Tabaluga und Lili« komponiert. Wer ist Tabaluga?

Eine Hexe
Ein Drache
Eine Elfe

Ein Drache

Was versteht man unter Eiswein?

Wein aus Trauben, die vor der Ernte Frost bekommen haben
Wein, der im Kühlschrank lagern muss und sehr kalt getrunken wird
Wein, der eingefroren und als leckerer Nachtisch serviert wird

Wein aus Trauben, die vor der Ernte Frost bekommen haben

Welchen Beruf hatte Old Shatterhand, der in den Romanen von Karl May Winnetous Freund ist?

Er war Landvermesser
Er war Viehhändler
Er war Fallensteller

Er war Landvermesser

Bei welcher dieser drei Veranstaltungen hat sogar ein nicht so gut trainierter Radrennfahrer noch eine Chance?

Bei der Rallye Monte Carlo
Bei der Tour de France
Bei der Rallye Paris-Dakar

Bei der Tour de France
Nur die ist ein Radrennen, die beiden Rallyes werden mit Autos gefahren.

Vor welcher Spinne braucht man keine Angst zu haben?

Vor der Wäschespinne

Wie lange dauerte der Hundertjährige Krieg?

Er dauerte etwa 70 Jahre

Er dauerte rund 100 Jahre

Er dauerte fast 150 Jahre

Er dauerte fast 150 Jahre

Der Krieg begann 1337 und war 1453 beendet, gekämpft wurde also 116 Jahre lang. Aber der endgültige Friedensschluss zwischen England und Frankreich kam erst im Jahre 1475 zustande.

Wer würde gewinnen, wenn ein Gepard und ein Pferd um die Wette liefen?

Der Gepard würde immer gewinnen

Das Pferd würde immer gewinnen

Das kommt ganz auf die Strecke an

Das kommt ganz auf die Strecke an

Ein Gepard kann eine Spitzengeschwindigkeit von 114 Stundenkilometern erreichen, während es das Pferd nur auf 90 Kilometer in der Stunde bringt. Das Pferd hält dieses Tempo aber viel länger durch als ein Gepard.

Wie heißt das Besatzungsmitglied des Raumschiffs Enterprise, dessen Ohren ganz spitz zulaufen?

Kaptain Kirk
Mister Spock
Doktor Pille

Mister Spock

Wo fanden in Deutschland zum letzten Mal olympische Sommerspiele statt?

In Berlin
In Hamburg
In München

In München
Das war im Jahr 1972 – Berlin hat sich erfolglos um die Olympiade im Jahr 2000 beworben.

In welchem amerikanischen Bundesstaat liegt die riesengroße Sumpflandschaft mit dem Namen »Everglades«?

Auf Hawaii
In Texas
In Florida

In Florida

Wo findet man auch mit dem Kompass nicht den richtigen Weg?

Am Südpol – weil da in jeder Richtung Norden ist

Wer hält im Reich der Vögel den Geschwindigkeitsrekord?

Jagdfalken
Fregattvögel
Mauersegler

Fregattvögel

Sie erreichen bei der Jagd im Sturzflug kurzfristig Geschwindigkeiten bis zu 400 Stundenkilometern, Mauersegler schaffen immerhin noch 145 und Jagdfalken sogar 200 Kilometer in der Stunde.

In der Bibel steht, dass Eva aus Adams Rippe gemacht wurde. Haben Männer also weniger Rippen als Frauen?

Na klar, sie haben eine weniger
Nein, beide haben gleich viele
Frauen haben zwei Rippen mehr

Nein, beide haben gleich viele

Mann und Frau haben 24 Rippen. Die zwölf Rippenpaare bilden den Brustkorb

Bei welchem Brettspiel darf man einen Stein des Gegners wegnehmen, sobald man selbst drei Steine in eine Reihe gelegt hat?

Bei Halma

Bei Mühle

Bei Dame

Bei Mühle

In seinen Geldspeichern bewahrt Onkel Dagobert unermessliche Schätze auf. Einen hütet er ganz besonders - welchen?

Seine ersten verlorenen Milchzähne

Den ersten selbst verdienten Taler

Den legendären blauen Diamanten

Den ersten selbst verdienten Taler

Welche dieser Pflanzen ist nicht mit den beiden anderen verwandt?

Die Tomate

Die Kartoffel

Die Erdnuss

Die Erdnuss
Kartoffeln und Tomaten gehören beide zur Familie der Nachtschattengewächse

Aus welchem Becher sollte man besser nichts trinken?

Aus dem Aschenbecher

Warum gelten Seepferdchen als ganz besondere Tierart?

Weil die Männchen den Nachwuchs zur Welt bringen
Weil sie unter Wasser und auch an Land leben können
Weil sie schneller schwimmen können als der Schall

Weil die Männchen den Nachwuchs zur Welt bringen
Nach der Befruchtung tragen sie die Eier in einem Brutbeutel – drei bis vier Wochen später schlüpfen die Jungen.

Welcher Elefant hat die größten Ohren?

Der indische Elefant
Der afrikanische Elefant
Der australische Elefant

Der afrikanische Elefant
In seiner Heimat wird es oft noch viel heißer als in Indien. Und um sein Blut abzukühlen und seine Körpertemperatur zu senken, fächelt er mit seinen großen Ohren, die von vielen Blutgefäßen durchzogen sind. Einen australischen Elefanten gibt es nicht. In Australien leben Elefanten – wie bei uns – nur im Zoo.

Wie nennt man eine Spezialität der italienischen Küche, die aus mit Hackfleisch und Kräutern gefüllten Nudelteigröllchen besteht?

Das sind Ravioli

Das ist Lasagne

Es sind Cannelloni

Es sind Cannelloni.
Sehr oft werden sie mit Tomatensauce und überbackenem Käse serviert.

Womit kann ein geübter Karatesportler Ziegelsteine zerschlagen, ohne sich zu verletzen?

Mit einem Hammer

Mit der Handkante

Mit der Nasenspitze

Mit der Handkante

Wie beginnt der Zauberspruch, mit dem Schweinchen Babe die Schafe dazu überredet, ihm zu helfen?

Er beginnt mit »Hört, ihr Schafe...«

Er beginnt mir »Simsalabimsa...«

Er beginnt mit »Mäh, ihr Schafe...«

Er beginnt mit »Mäh, ihr Schafe...«

Welcher Hund hat eine blauschwarze Zunge?

Der Dalmatiner

Der Chow-Chow

Der Bernhardiner

Der Chow-Chow

Was sind »Koteletten«?

Fleischstücke mit einem Rippenknochen

Die kurzen Backenbärte bei einem Mann

Wurstabfälle, die als Hundefutter dienen

Die kurzen Backenbärte bei einem Mann
Als Koteletten bezeichnet man die bis in den Wangenbereich wachsende Verlängerung des Schläfenhaares.

Wer ist schwerer, ein ausgewachsener Blauwal oder ein ausgewachsener afrikanischer Elefantenbulle?

Der Elefant

Der Blauwal

Beide gleich

Der Blauwal
Er kann bis zu 130 Tonnen wiegen, das ist so viel wie 150 Mittelklasseautos. Der Elefant wird nur bis zu sechs Tonnen schwer.

Welches Sportgerät wird beim Daviscup benutzt?

Tennisschläger
Hockeyschläger
Überhaupt keines

Tennisschläger

Agent 007 James Bond ist einer der bekanntesten Krimihelden der Welt. Für welchen Geheimdienst ist James Bond in vielen Filmen und Büchern tätig?

Für den englischen Geheimdienst
Für den Geheimdienst der USA
Für den deutschen Geheimdienst

Für den englischen Geheimdienst

Wo findet in München das berühmte Oktoberfest statt?

Auf der Theresienwiese
Im Englischen Garten
Auf dem Rathausplatz

Auf der Theresienwiese
Es beginnt übrigens seinem Namen zum Trotz bereits im September

Warum landen Motten und Schmetterlinge nie zur selben Zeit auf einer Blüte?

Weil sie sich gegenseitig durch Warnrufe vertreiben
Weil sie sich gegenseitig durch ihren Geruch vertreiben
Weil sie zu unterschiedlichen Zeiten unterwegs sind

Weil sie zu unterschiedlichen Zeiten unterwegs sind
Motten fliegen nachts, Schmetterlinge dagegen am Tag.

Wie heißt die Frau an der Seite des Comichelden Popeye, der unglaubliche Kräfte hat, weil er so viel Spinat isst?

Sie heißt Anita
Sie heißt Daisy
Sie heißt Olivia

Sie heißt Olivia

Für welche Sportart benötigt man einen »Puck«?

Für jedes Radrennen
Für Eishockeyspiele
Bei Golfturnieren

Für Eishockeyspiele
Als »Puck« bezeichnet man die Scheibe, die beim Eishockey ins gegnerische Tor geschossen werden soll.

In den Filmen vom Schweinchen Babe spielt auch eine Ente mit. Was ist deren größtes Vergnügen?

Vom leckeren Pflaumenkuchen der Bäuerin zu naschen
Am frühen Morgen noch vor dem Hahn laut zu krähen
Mittags im Wassertrog vor dem Pferdestall zu plantschen

Am frühen Morgen noch vor dem Hahn laut zu krähen

Welches dieser Sportgeräte wird nicht wie die beiden anderen zum Weitwurf benutzt?

Der Diskus
Die Kugel
Die Keule

Die Keule
Sie wird von Turnern benutzt und in der Hand gehalten.

Welchen Geschmack haben »Nürnberger Eier«?

Salzig – sie sind in Salzwasser eingelegt
Süß – es sind gefüllte Lebkuchenherzen
Nürnberger Eier kann man gar nicht essen

Nürnberger Eier kann man gar nicht essen
Als »Nürnberger Eier« bezeichnet man eiförmige Taschenuhren aus dem 16. Jahrhundert.

Wo legen Libellen ihre Eier ab?

Im Wasser
Auf Blättern
In Erdlöcher

Im Wasser

Was wurde bei Opel gebaut, ehe man Autos herstellte?

Nähmaschinen
Pferdekutschen
Küchengeschirr

Nähmaschinen
Außerdem wurden Fahrräder hergestellt – erst später wurde Opel ein reiner Autohersteller.

Wann soll man nach einer alten Bauernregel den Grünkohl ernten?

Im Hochsommer und bei Vollmond
Bevor der erste Nachtfrost einsetzt
Nach dem ersten Frost im Spätherbst

Nach dem ersten Frost im Spätherbst
Im Sommer ist der Kohl noch gar nicht reif. Der Frost verwandelt die enthaltene Stärke in Zucker. Der leicht bitter schmeckende Kohl wird dadurch süß und seine Blätter zart.

Woran ist ein Schiedsrichter beim Fußball leicht zu erkennen?

Er trägt eine andere Triktofarbe als die Spieler
Er trägt am Hals eine gelbe und eine rote Karte
Er hat ständig eine Stoppuhr in der Hand

Er trägt eine andere Triktofarbe als die Spieler

Welche Farbe hat die Hose von Obelix?

Sie ist blauweiß
Sie ist grünweiß
Sie ist gelbweiß

Sie ist blauweiß
Schon seit 1959, dem Erscheinungsjahr des ersten Asterix-comics, trägt Obelix seine Hose mit den blauweißen Längsstreifen.

Wer von der einen Seite Istanbuls zur anderen will, muss den Bosporus überqueren. Diese Meerenge teilt nicht nur die Stadt in zwei Teile, sie trennt auch zwei Kontinente - welche?

Europa und Afrika
Afrika und Asien
Europa und Asien

Europa und Asien

Für welches Gesellschaftsspiel benötigt man mehrere Würfel?

Für Halma
Für Mühle
Für Kniffel

Für Kniffel

Wer hat die meisten klassischen Musikstücke geschrieben?

Mozart
Picasso
Schiller

Mozart
Nur er war Komponist, Picasso war Maler, Schiller Dichter.

Was hilft dem Kamel am meisten beim Überleben in der Wüste?

Seine Augen
Seine Nase
Seine Ohren

Seine Nase
Sie ist so entwickelt, dass das Kamel beim Ausatmen nur ganz wenig Feuchtigkeit verliert. Deshalb kommt es viel länger als andere Tiere ohne Wasser aus.

Wer geht den ganzen Tag und kommt doch nicht von der Stelle?

Die Wanduhr

Über den Untergang der Titanic gibt es viele Bücher und Filme. Wie tief müsste man tauchen, um sich das Wrack auf dem Meeresgrund selbst anzuschauen?

2839 Meter tief

3797 Meter tief

4325 Meter tief

3797 Meter tief

Wer würde gewinnen, wenn sich Elefant und Känguru zu einem Wettlauf verabredeten?

Der Elefant – er läuft schneller

Das Känguru ist viel schneller

Beide laufen etwa gleich schnell

Der Elefant – er läuft schneller

Er schafft 39 Stundenkilometer, das Känguru kommt nur auf knapp 30 Stundenkilometer. Aber die Verabredung zu einem Wettlauf wäre ziemlich schwierig. Denn Kängurus leben in Australien – und da gibt es keine Elefanten in freier Wildbahn.

In welches Land verreist man, wenn man seinen Urlaub an der Algarve verbringen will?

Nach Portugal

Nach Italien

Nach Spanien

Nach Portugal

Algarve ist der Name einer Küstenregion im Süden Portugals.

Wer versteckt seine Eier, obwohl er gar keine legen kann?

Der Osterhase

Wie kann man einen Leoparden und einen Tiger auch auf große Entfernung hin leicht voneinander unterscheiden?

An der Zeichnung ihres Fells

An der Länge ihres Schwanzes

Das ist überhaupt nicht möglich

An der Zeichnung ihres Fells

Das Fell des Tigers hat schwarze Streifen, das des Leoparden dagegen schwarze Flecken. Für beide ist allerdings das Fell eine so gute Tarnung, dass man sie auf große Entfernungen meist gar nicht sehen kann

Wo befindet sich das Oval Office, in dem der Schreibtisch des US-Präsidenten steht?

Es befindet sich im Weißen Haus

Das Büro befindet sich im Pentagon

Der Schreibtisch steht im Capitol

Es befindet sich im Weißen Haus
Im Pentagon sitzt das Verteidigungsministerium, im Capitol das Parlament.

Wie oft wird der Weltmeister in der Formel-1 ermittelt?

Jedes Jahr neu

Alle zwei Jahre

Alle vier Jahre

Jedes Jahr neu

Wie kann man sich eine Erkältung holen?

Durch Schnupfenviren

Durch Grippebakterien

Durch zu kalte Getränke

Durch Schnupfenviren
Erkältungen und Grippe werden von Viren ausgelöst. Bakterien sind eine andere Form von Krankheitserregern. Sie verursachen zum Beispiel die Entzündung von Wunden

Was passierte mit Aschenputtel, während die sieben Zwerge im Bergwerk arbeiteten?

Gar nichts – die sieben Zwerge gehören ins Märchen von Schneewittchen

Warum ist der Sonnentau eine ganz besondere Pflanze?

Er öffnet seine Blüten nur in der Nacht
Er ist eine Fleisch fressende Pflanze
Er bildet seine Blüten unter der Erde

Er ist eine Fleisch fressende Pflanze
Seine klebrigen Blätter sind mit feinen Härchen besetzt. Setzt sich ein Insekt darauf, krümmen sie sich und halten das Tier fest. Mit Hilfe des klebrigen Blütensaftes wird es langsam von der Pflanze verdaut.

Wie oft »heiraten« Albatrosse?

Ein einziges Mal
Jeden Sommer neu
Das kommt darauf an

Ein einziges Mal
Sie wählen sich ihren Partner fürs ganze Leben aus. Alle zwei Jahre treffen sie sich mit diesem Partner auf derselben Insel im selben Nest zum Brutgeschäft.

Was ist eine »Drohne«?

Ein Schmetterling mit farblosen Flügeln
Eine männliche Biene, die nicht arbeitet
Die Chefin eines Volkes von Honigbienen

Eine männliche Biene, die nicht arbeitet

Bei welchem Würfelspiel kann man die Augenzahl von missglückten Würfen als »Chance« eintragen?

Beim Kniffel
Beim Pokern
Beim Zocken

Beim Kniffel

Gummibärchen sind eine leckere Nascherei - wer hat sie erfunden?

Ein Schweizer
Ein Deutscher
Ein Franzose

Ein Deutscher

Er hieß Hans Riegel, und seine Firma, die seit 1922 Gummibärchen herstellt, gibt es noch immer. Du kennst sie bestimmt: Sie heißt Haribo. Der Name ist aus den Anfangsbuchstaben von Hans Riegel Bonn entstanden.

Wer ist gemeint, wenn man von einer »Ricke« spricht?

Ein weibliches Reh

Eine brütende Krähe

Ein junges Kaninchen

Ein weibliches Reh

Woraus werden gebrannte Mandeln hergestellt?

Aus Mandeln und Zucker

Aus Mandeln und Asche

Aus Mandeln und Sahne

Aus Mandeln und Zucker

Der erhitzte, geschmolzene Zucker umhüllt die Mandeln mit einer süßen braunen Kruste.

Bei welchem Abenteuer von Asterix und Obelix müssen die beiden auf eine große Insel reisen?

Asterix und Kleopatra

Asterix bei den Briten

Asterix – Sieg über Cäsar

Asterix bei den Briten

Der Vetter von Asterix bittet die unbesiegbaren Gallier um Hilfe im Kampf gegen die Römer.

Welche Farbe haben die Blütenblätter von Mohnblumen?

Sie sind gelb

Sie sind rot

Sie sind grün

Sie sind rot

In zahlreichen Ländern Europas gibt es noch Königsfamilien, die ihr Land bei offiziellen Anlässen vertreten. Welches dieser Länder gehört nicht dazu?

Spanien

England

Portugal

Portugal

Welcher Wettkampf kann nicht beginnen, wenn plötzlich der Gong kaputtgeht?

Ein Boxkampf

Eine Autorallye

Ein Golfturnier

Ein Boxkampf

Nur dort kommt der Gong zum Einsatz. Er kündigt Beginn und Ende der einzelnen Runden an.

Was sollte man ins Beschwerdebuch schreiben, wenn man sich im Restaurant über ein zu kleines Schnitzel beklagen will?

Gar nichts – man sollte gleich das Schnitzel reinkleben.

Welcher Vogel ziert das Heckleitwerk aller Flugzeuge der Deutschen Lufthansa AG?

Ein stilisierter Geier
Ein stilisierter Kranich
Ein stilisierter Reiher

Ein stilisierter Kranich
Stilisiert bedeutet übrigens, dass es sich nur um eine grob angedeutete Darstellung handelt.

Seit wann stehen bei uns Kartoffeln auf dem Speiseplan?

Seit etwa 2000 Jahren
Seit etwa 1000 Jahren
Seit etwa 200 Jahren

Seit etwa 200 Jahren
Die Kartoffelpflanze, deren Knollen wir essen, stammt ursprünglich aus Südamerika. Sie wurde erstmals im 16. Jahrhundert von den Spaniern nach Europa gebracht und wird erst seit rund 200 Jahren als Nahrungsmittel angebaut.

Welcher Vogel kann wie ein Hubschrauber auf der Stelle in der Luft schweben?

Der Sperling

Der Zaunkönig

Der Kolibri

Der Kolibri

Wie heißt der Bär, der für sein Leben gerne Lügengeschichten erzählt?

Pu der Bär

Der Lügenbär

Käpt'n Blaubär

Käpt'n Blaubär

Wie kommt es, dass wir heute zu allen Plüschbären »Teddy« sagen?

Weil der erste Plüschbär Ähnlichkeit mit dem amerikanischen Präsidenten Theodor (»Teddy«) Roosevelt hatte

Weil er dieselbe Haarfarbe hatte wie Theo (»Teddy«) Steiff, ein Familienangehöriger des Spielwarenfabrikanten

Weil der erste Plüschbär ein Geschenk an den früheren Bundespräsidenten Theodor (»Teddy«) Heuss war

Weil der erste Plüschbär Ähnlichkeit mit dem amerikanischen Präsidenten Theodor (»Teddy«) Roosevelt hatte

Welches Geld gibt man her, ohne ärmer zu werden?

Das Fersengeld – so nennt man es, wenn jemand wegläuft

Was ist eine »Lokalanästhesie«?

Die Besichtigung eines Tatortes durch Polizei und Gericht
So nennt man die Buchhaltung in Restaurants und Kneipen
Das ist die örtliche Betäubung vor sehr kleinen Operationen

Das ist die örtliche Betäubung vor sehr kleinen Operationen
Der Patient bleibt – im Gegensatz zur Vollnarkose – bei Bewusstsein. Der Narkosearzt (Anästhesist) betäubt nur die betreffende Körperregion.

Welches dieser drei Tiere bringt lebende Junge zur Welt?

Die Pottwale
Die Graureiher
Meeresschildkröten

Die Pottwale
Pottwale sind Säugetiere, die lebende Junge bekommen. Graureiher sind Vögel und legen Eier. Und das tun auch die Meeresschildkröten. Sie kriechen dazu an den Strand, graben ein Erdloch, legen ihre Eier hinein und lassen sie von der Sonnenwärme ausbrüten.

Wie heißt der Freund von Batman?

Joker
Robin
Robbi

Robin

Welcher andere Begriff wird noch für »Basketball« verwendet?

Korbball
Volleyball
Football

Korbball
»Basket« ist das englische Wort für Korb

Wie ist der Fliegenpilz zu seinem Namen gekommen?

Weil er mit seinem Geruch Fliegen anlockt
Weil er zur Bekämpfung von Fliegen diente
Weil sein Hut bei Sturm leicht davonfliegt

Weil er zur Bekämpfung von Fliegen diente
Der Fliegenpilz enthält ein Gift, das Fliegen tötet. Früher, als es noch keine chemischen Insektenvernichtungsmittel gab, legte man einen mit Zucker bestreuten Pilz in die Küche, um Insekten zu bekämpfen.

Warum nimmt das wilde Krokodil seine frisch geschlüpften Jungen ins Maul?

Weil es seine eigenen Jungen auffressen will
Um sie zum nächsten Wasserlauf zu tragen
Damit sie Speisereste aus den Zähnen picken

Um sie zum nächsten Wasserlauf zu tragen

Worum handelt es sich bei Naturschwämmen, wie sie in vielen Badezimmern zu finden sind?

Um Tiere
Um Pflanzen
Um Steine

Um Tiere
Naturschwämme sind Tiere, die von Tauchern aus dem Meer geholt werden.

Immer zu Silvester läuft im Fernsehen der Sketch »Dinner for one«, in dem ein betrunkener Diener einer alten Dame das Geburtstagsessen serviert. Worüber stolpert der Butler ständig?

Über einen Löwenkopf
Über eine Türschwelle
Über einen Tigerkopf

Über einen Tigerkopf

Was sagt der Kellner, wenn man sich bei ihm über ein Hörgerät beschwert, das in der Suppe schwimmt?

»Wie bitte?«

Wer war der zeichnerische Schöpfer von Donald Duck, seinen Neffen & Co. ?

Walt Disney
Jim Davis
Carl Barks

Carl Barks
Im Jahre 1935 begann Barks im Alter von 34 Jahren seine Arbeit als Zeichner in den Disney Studios.

Bei welcher Sportart könnte ein Turnier auch stattfinden, wenn die Netze fehlen?

Beim Handball
Beim Federball
Beim Badminton

Beim Handball
Da genügt notfalls auch ein Tor ohne Netz. Beim Federballspiel, das Badminton heißt, wenn es als Turniersport gespielt wird, ist das Netz unbedingt nötig, weil sonst die beiden Spielfelder nicht voneinander getrennt wären.

Können Frösche unter Wasser atmen?

Ja, sie haben Kiemen wie die Fische
Das hängt davon ab, wie alt sie sind
Nein, sie brauchen Luft wie ein Mensch

Das hängt davon ab, wie alt sie sind
Erwachsene Frösche atmen durch die Lungen und müssen dafür auftauchen. Aber die Kaulquappen, die Froschbabys also, haben Kiemen, wenn sie aus den Eiern schlüpfen, und können unter Wasser atmen.

Wie heißt die deutsche Insel, die man nur mit dem Schiff erreichen kann?

Sie heißt Fehmarn
Das ist Helgoland
Gemeint ist Rügen

Das ist Helgoland
Im Gegensatz zu Fehmarn und Rügen ist die Hochseeinsel in der Nordsee nicht durch einen Damm oder eine Brücke mit dem Festland verbunden

Wenn ein Bergsteiger in den Bergen ohne Kompass nach Osten wandert, was hat er dann hinter sich?

Seinen Rucksack!

Welche Aufgabe hatte der Vulkanier Spock anfangs auf der »U. S. S. Enterprise«

Kapitän des Raumschiffs
Botschafter der Föderation
Erster Offizier

Erster Offizier

Welcher dieser drei Vögel passt nicht in die folgende Aufzählung?

Der Laufreiher
Die Bachstelze
Der Strauß

Der Strauß
Er kann, im Gegensatz zu den beiden anderen, nicht fliegen.

Was könnte gemeint sein, wenn der Kommentator einer Sportsendung im Fernsehen einen »Boxenstopp« ankündigt?

Der Ringrichter verbietet unerlaubte Tiefschläge
Ein Pferd wird vom Rennen weg in seine Box geführt
Ein Rennwagenfahrer will die Reifen wechseln

Ein Rennwagenfahrer will die Reifen wechseln
Ebenso wäre es möglich, dass er einen technischen Defekt hat oder auftanken muss.

Was sind Primzahlen?

Zahlen, die man nur durch eins oder sich selbst teilen kann
So nennt man die Ergebnisse von Bruchrechnungen
So heißen alle Zahlen mit mehr als einer Million Ziffern

Zahlen, die man nur durch eins oder sich selbst teilen kann
Primzahlen sind zum Beispiel 2, 3, 5, 7, 11, 13 und 17.

Im Titel eines berühmten Jugendbuches ist von einem großen Schatz die Rede. Wo soll er versteckt sein?

Im Silbersee
Im Loch Ness
Im Mondsee

Im Silbersee
Das Jugendbuch von Karl May heißt »Der Schatz im Silbersee«.

Was bezeichnet man als »Krill«?

Die Nahrung der Wale
Den Warnruf des Kranichs
Die Babys von Delfinen

Die Nahrung der Wale
Krill besteht aus kleinen Wasserlebewesen, zum Beispiel Krebsen und Pflanzen.

Was soll man am Barbaratag tun?

Einen Kranz aus frischen Gänseblümchen flechten
Frische Zweige von Obstbäumen in die Vase stellen
Den Weihnachtsbaum aus dem Wohnzimmer tragen

Frische Zweige von Obstbäumen in die Vase stellen
Der Barbaratag ist der 4. Dezember. Die Zweige von Kirsch- und anderen Obstbäumen, die man an diesem Tag in die Vase stellt, sollen genau zu Weihnachten blühen.

Was ist der Unterschied zwischen einem Ruder und einem Paddel?

Ein Ruder ist am Boot befestigt, das Paddel hält man in der Hand
Ein Paddel besteht aus Kunststoff, Ruder sind aus Holz gemacht
Es gibt überhaupt keinen Unterschied zwischen Ruder und Paddel

Ein Ruder ist am Boot befestigt, das Paddel hält man in der Hand

Ein Einäugiger und ein Mann mit zwei Augen sehen sich an. Wer von beiden sieht mehr?

Der Einäugige. Denn er sieht die beiden Augen des anderen. Der mit zwei Augen sieht nur das eine Auge des anderen.

Ist es möglich, dass ein Blauwal Zahnschmerzen bekommt?

Ja, wie wir Menschen auch

Nein, kranke Zähne fallen ihm sofort aus

Nein, er hat gar keine Zähne

Nein, er hat gar keine Zähne

Blauwale haben keine Zähne, sondern Barten, mit denen sie ihre Nahrung (kleinste Wasserlebewesen) aus dem Wasser filtern – wie mit einem Sieb. Es gibt aber Wale, die Zähne haben, zum Beispiel Delfine und Schwertwale.

Durch welchen Ritt ist der Lügenbaron Münchhausen bekannt geworden?

Durch den Ritt auf einer Kanonenkugel

Durch den Ritt auf einem Dinosaurier

Durch den Ritt auf einem toten Pferd

Durch den Ritt auf einer Kanonenkugel

Wie tötet eine ungiftige Schlange Tiere, die sie erbeutet?

Sie beißt ihnen die Kehle durch

Sie erwürgt ihre Beutetiere

Ungiftige Schlangen fressen nur Pflanzen

Sie erwürgt ihre Beutetiere

Wie viele verschiedene Farbtöpfe benötigt man, um damit alle Farben anmischen zu können?

Zwei Töpfe
Drei Töpfe
Fünf Töpfe

Drei Töpfe
Aus Rot, Gelb und Blau lassen sich alle anderen Farben mischen. Man nennt diese drei deshalb auch Grundfarben.

Welcher Fluss fließt am dichtesten an Stuttgart vorbei?

Die Mosel
Der Neckar
Die Donau

Der Neckar

Bei welcher Sportart fahren »Piraten« um die Wette?

Beim Segeln
Beim Rudern
Bei gar keiner

Beim Segeln
Als »Piraten« bezeichnet man einen bestimmten Typ kleiner Segelboote für zwei Personen.

Über den Autor

Matthias Müller-Michaelis ist Wirtschaftsjournalist und schreibt regelmäßig für Illustrierte, Fachzeitschriften und Tageszeitungen. Außerdem hat er eine Vielzahl von Ratgeberbüchern zu den Themen Geld, Steuern und Recht veröffentlicht. Seinen vier Kindern aber hat er versprochen, zwischendurch auch immer wieder mal etwas zu schreiben, was nicht »für die Großen« bestimmt ist. So hat er unter anderem das erfolgreiche Aufklärungsbuch »Ganz schön aufgeklärt« veröffentlicht. Im Südwest Verlag erschienen ist sein Buch »Warum ist die Banane krumm?« mit Antworten auf die häufigsten Fragen von Kindern und vielen interessanten sowie erstaunlichen Geschichten dazu.

Impressum

Konzeption und Realisation
Livingston Media, Hamburg

Redaktion
Michaela Breit

Projektleitung
Sylvia Wohofsky

Redaktionsleitung
Nina Andres

Illustrationen
Beate Willich

Umschlag/Layout
Manuela Hutschenreiter

DTP/Satz
Mihriye Yücel

Produktion
Manfred Metzger

Printed in Italy

ISBN 3-517-06137-9